中国田野考古报告集

考古学专刊

丁种第 113 号

元大都

1964～1974 年考古报告

叁

中国社会科学院考古研究所
北京市文物管理处　编著

文物出版社

北京·2024

THE COLLECTION OF CHINESE FIELD ARCHAEOLOGICAL REPORTS

ARCHAEOLOGICAL MONOGRAPH SERIES

TYPE D NO. 113

YUAN DADU

Archaeological Report from 1964 to 1974

Ⅲ

(With an English Abstract)

by

The Institute of Archaeology, Chinese Academy of Social Sciences

Beijing Municipal Management Office of Cultural Relics

Cultural Relics Press

Beijing · 2024

彩　版

1. 后英房居住遗址东院东厢房格子门出土情形

2. 后英房居住遗址东院柱廊格子门出土情形

3. 后英房居住遗址东院柱廊带铜看叶格子门出土情形

彩版一　元大都遗址格子门出土情形

彩版二　元大都遗址出土彩画

彩版三　元大都遗址出土磁州窑系彩绘葫芦纹盘（采集）

2. 白釉褐黄彩花卉凤纹罐（YG73T: 19 ②）

1. 白釉褐黄彩罐（YM74F3: 4）

彩版四　元大都遗址出土磁州窑系白釉褐黄黄彩罐

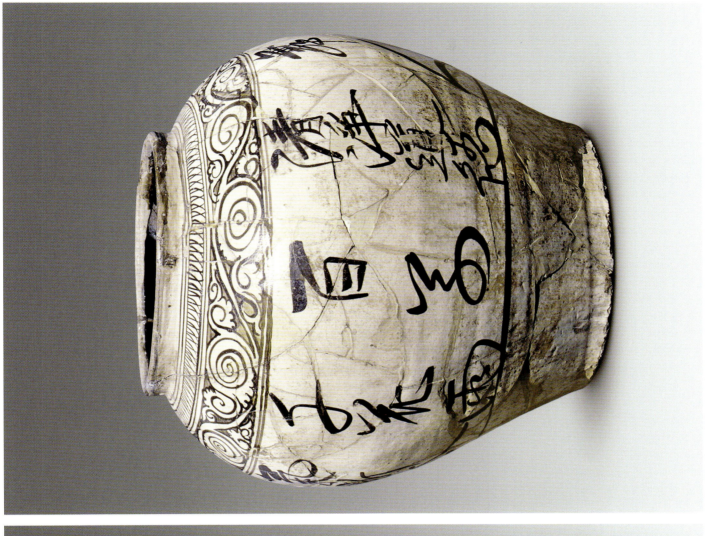

彩版五　元大都遗址出土磁州窑系白釉黑彩诗文罐（YG72：2）

1. 白釉黑彩花卉纹罐（YG73F14：1）

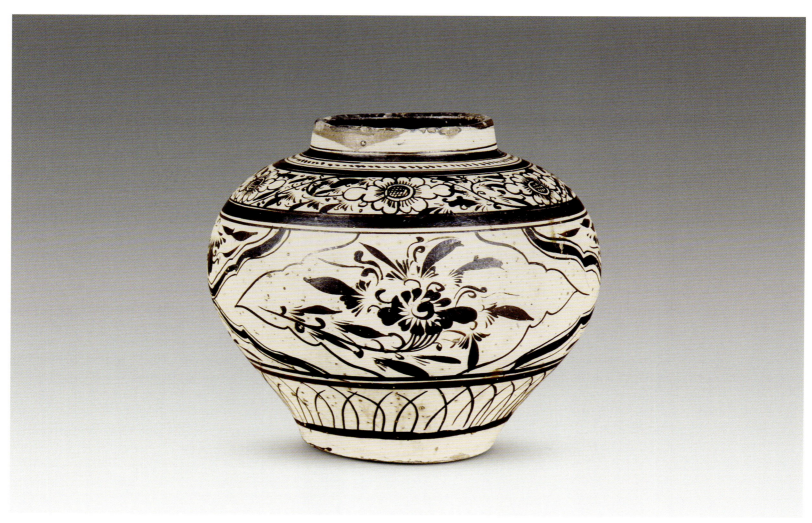

2. 白釉黑彩花卉纹罐（YG73F10：5）

彩版六　元大都遗址出土磁州窑系白釉黑彩花卉纹罐

彩版七　元大都遗址出土磁州窑系白釉黑彩龙凤纹罐（YG73T：17）

彩版八　元大都遗址出土磁州窑系白釉黑彩鱼草纹盆（YG72：88）

彩版九　元大都遗址出土磁州窑系白釉黑彩大盘（YEF：18）

彩版一〇　元大都遗址出土磁州窑系白釉黑彩龙凤纹四系扁壶一对（YM74F2：3）

彩版一　元大都遗址出土磁州窑系黄釉黑彩虎形枕（YG69：40）

1. 酱黑釉小罐（YM74F3：25）

2. 白釉红绿彩碗（YG72：120）

彩版一二　元大都遗址出土磁州窑系小罐、碗

1. 青花盘（YH72：1）

2. 青花荷叶形器盖（YM74F3：17）

彩版一三　元大都遗址出土景德镇窑系青花盘、器盖

彩版一四　元大都遗址出土景德镇窑系青花觚（YH65：139、60）

彩版一五　元大都遗址出土景德镇窑系青花梨形壶（YE73：18）

1. 青花大碗（YK70：1）

2. 青花大碗（YK70：2）

彩版一六　元大都遗址出土景德镇窑系青花大碗

1. 青花盘（YK70：8、7）

2. 青花扁壶（YK70：12）和一对盏托（YK70：13、14）

彩版一七　元大都遗址出土景德镇窑系青花盘、扁壶、盏托

彩版一八　元大都遗址出土景德镇窑系青花扁壶（YK70：12）

1. 青花盏托（YK70：13）

3. 青花盏托（YK70：13）之盏

2. 青花盏托（YK70：14）

4. 青花盏托（YK70：13）之托

彩版一九　元大都遗址出土景德镇窑系青花盏托

1. 影青釉童子坐像（YS74：1）

2. 青白釉褐斑执壶（YU69：43）

3. 青白釉褐斑罐（YG73F10：11）

彩版二〇　元大都遗址出土景德镇窑系青白釉童子坐像、执壶、罐

1. 青白釉三足洗（YM74F3：61）

2. 青白釉炉（YG72：119①）

彩版二一　元大都遗址出土景德镇窑系青白釉三足洗、炉

彩版二二　元大都遗址出土景德镇窑系青白釉牡丹纹扁壶（YG73W：1）

1. 青白釉笔山（J：101②）

2. 青白釉釉里红盒（YG73F3：10）

彩版二三　元大都遗址出土景德镇窑系青白釉笔山、盒

彩版二四　元大都遗址出土景德镇窑系青白釉观音（J：219）

彩版二五　元大都遗址出土景德镇窑系青白釉观音（J：219）

1. 枢府釉盘（YG73F5：11）

2. 枢府釉干枝梅瓶（YG73E：17）

彩版二六　元大都遗址出土景德镇窑系青白釉盘、梅瓶

2. 圆唇大口盘（YG73F1：3）

1. 青釉折沿盘（YG72：58）

3. 大口浅腹盘（YG73F1：1）

4. 青釉折壁深腹盘（YG73F11：2）

5. 青釉荷叶形碗（YG73F10：12）

彩版二七　元大都遗址出土龙泉窑系青釉盘、碗

1. 青釉蔗段洗（YG72：66）

2. 青釉折沿洗（YG72：121）

3. 青釉牡丹纹瓶（J：241）

彩版二八　元大都遗址出土龙泉窑系青釉洗、瓶

彩版二九　元大都遗址出土钧窑系青蓝釉连座双耳瓶一对（YHF72：1）

1. 钧釉盘（YE73：15）

2. 钧釉水盂（YG72：90）

3. 钧釉花盆（YG73F4：10）

4. 钧窑碗（J：218）

5. 钧窑碗（J：220）

彩版三〇　元大都遗址出土钧窑系青蓝釉盘、水盂、盆、碗

彩版三一　元大都遗址出土三彩琉璃釉道士像（YG73F7：1）

彩版三二　元大都遗址出土三彩琉璃釉雕花牡丹龙凤纹炉（J：274）

彩版三三　元大都遗址出土三彩琉璃釉雕花牡丹龙凤纹炉（J：274）

1. 黄蓝琉璃釉牡丹纹炉（J：126）

2. 三彩琉璃釉器座（YH65：56）

彩版三四　元大都遗址出土琉璃釉器座、炉

1. 黄绿釉莲花砖（J1：47）

2. 黄绿釉华头筒瓦（J1：49）、华头板瓦（J：154）

彩版三五　元大都遗址出土琉璃釉砖、瓦

1. 黄绿琉璃釉鸱吻（J：144）

3. 四色琉璃釉鸱吻（J：146）

2. 黄绿琉璃釉鸱吻构件（J：145）

4. 蓝琉璃釉缠枝花方砖（J：198）

彩版三六　元大都遗址出土琉璃釉鸱吻、方砖

彩版三七　元大都遗址出土陶屋（YE73：25）

彩版三八　元大都遗址出土石砚（YH72：21）

1. 螺钿漆盘残底（YH65：62）

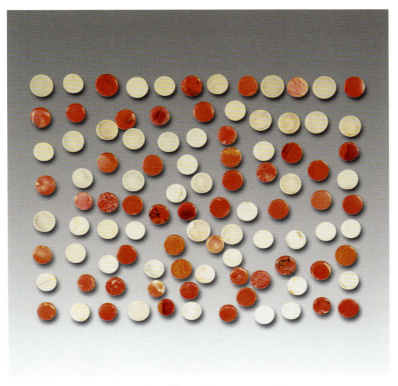

2. 玛瑙围棋子（YH72：22）

3. 玛瑙、玉石珠饰（YH72：53）、
金首饰（YH72：43）、石串环（YH72：47）

彩版三九　元大都遗址出土螺钿漆盘、玛瑙围棋子、饰件

1. 蝉形玉坠（YM74F3：37②）

4. 玛瑙残饰件（YE73：1）

2. 玉带饰（YU69：127）

5. 玛瑙方形片饰（YG73E：5①）

3. 雕龙玉带饰（YG72：70）

6. 镶嵌绿松石铜耳环（YG73F5：13）、
金耳环（YG73F3：4②）、玛瑙枣核形珠（YG73F12：3）、
红玛瑙珠（YG73E：5②）、戒面上的绿松石珠（YG73F4：2）

彩版四〇　元大都遗址出土玉石、玛瑙饰件

图　版

图版 1-1　北京城航空照片（1943 年）

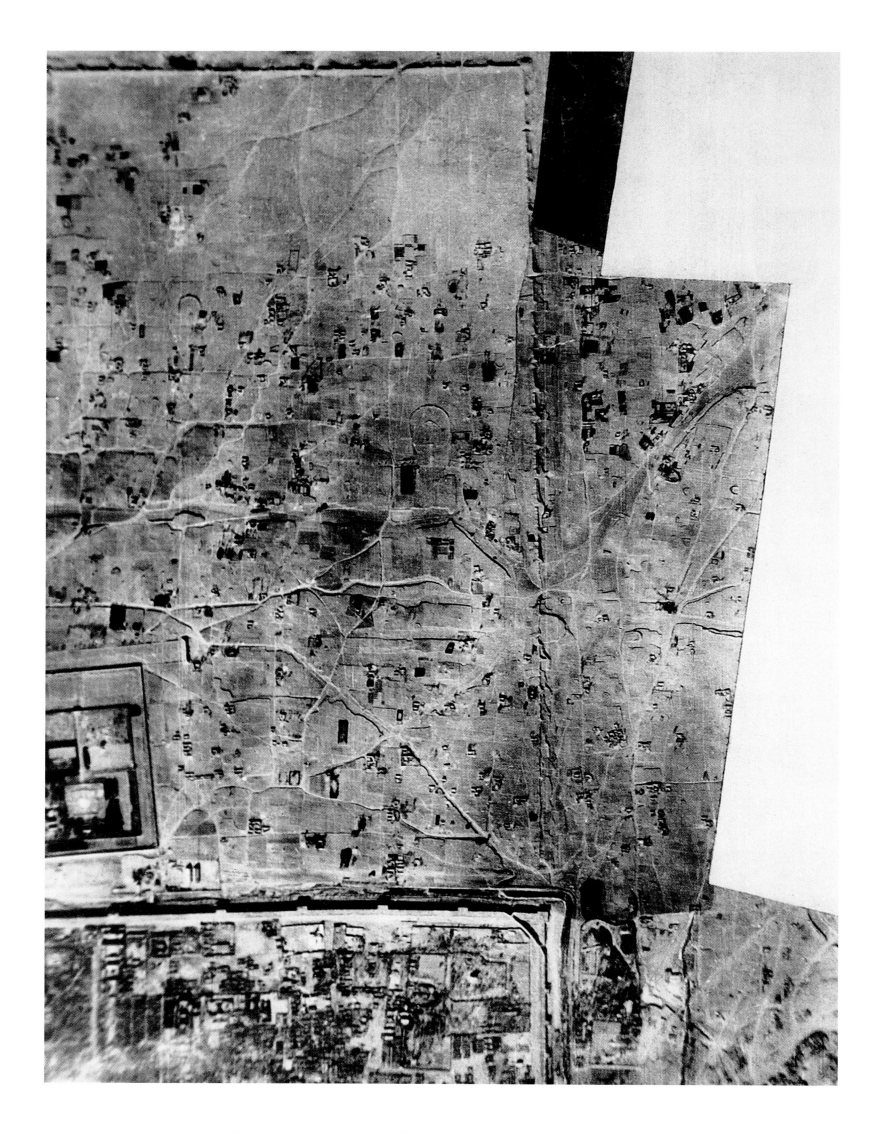

图版 1-2　北京土城东部（即元大都城东北角）航空照片

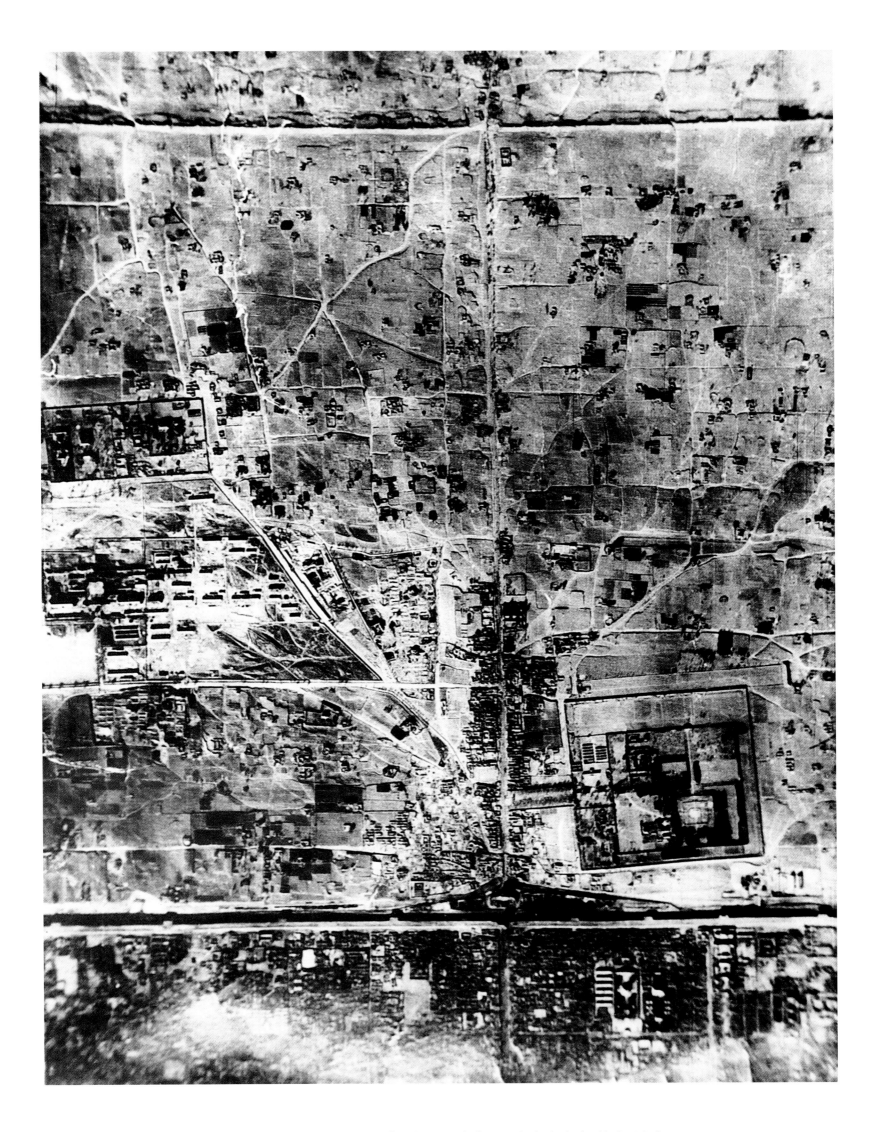

图版 1-3　北京土城中部（即元大都北城墙中段）航空照片

图版 1-4　北京土城西部（即元大都城西北角）航空照片

1. 在北城垣上，从西向东看土城东北角及南拐的东城垣

2. 在土城东北角上南望东城垣

图版 2-1-1 元大都土城垣遗迹

1. 土城东垣与东北角楼（由城外自东南向西北看）

2. 土城东北角及考古发掘的探沟 T16（东—西）

图版 2-1-2　元大都土城垣遗迹

复兴门北（铁匠营胡同西口外）城墙马面，中心为元大都城夯土，两侧为明代夯土

图版 2-1-3　明代北京城西城墙马面与元大都西城墙关系（西—东）

1. 西直门南井儿胡同西口外明城墙基，拆除明代西城墙时，在墙基处看到中心有元代夯土垣，两侧包砌明代城砖（西南—东北）

2. 西直门南井儿胡同西口外明城墙马面墙基，拆除明代西城墙时，在墙基处看到中心有元代夯土垣，两侧包砌明代城砖（西—东）

图版 2-1-4　明代北京城西城墙与元大都西城墙

图版 2-1-5　明代北京城北城墙墙基（新街口处）中出土的元代石构件

1. 东垣探沟 T1 发掘出的夯层与夯窝 　　　　　　　2. 东垣探沟 T1 发掘出的夯层与夯窝

3. 东北角土垣外侧探沟 T12 出土的石球、瓦片及夯窝

图版 2-1-6　元大都土城垣夯土结构

1. 角楼外侧出土的石块

3. 角楼东侧出土的石球

2. 磁州窑彩绘葫芦纹盘（采集）

图版 2-1-7　元大都外城东北角楼出土石块、石球和瓷盘

1. 东北角楼土堆及探沟
   T16（东—西）

2. 探沟 T16 中的夯土墩台
   （东—西）

图版 2-1-8　元大都外城东北角楼土堆及探沟 T16 中的夯土墩台

1. M1（明代墓）

3. M3（明代墓）

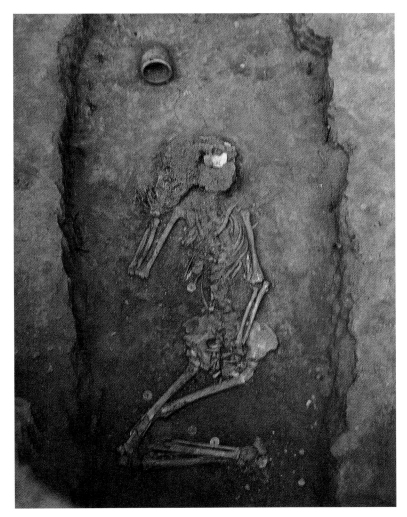

2. M2（清代墓）

图版 2-1-9　元大都外城东北角楼塌土层中的明清土坑墓

1. 1979 年 8 月 17 日观象台东侧倾倒情况（东南—西北）

2. 元明城墙断面，中心夯土为元代，两侧为明代（南—北）

图版 2-1-10　元大都外城东南角楼与北京观象台

1. 北垣外护城河遗迹（东—西）

2. 健德门遗迹，健德门已成河渠
（东南—西北）

图版 2-1-11　元大都北垣外护城河及健德门遗迹

1. 北岸木桩出土情况（北—南）

2. 堤岸边发现情况

3. 北岸发现的条石、木枋和木桩
（北—南）

图版 2-3-1　新街口外东侧海子岸边木桩地基遗迹

1.平铺的条石

2.木桩高出条石面

图版 2-3-2　新街口外东侧海子岸边木桩地基遗迹

1. 影青釉瓷童子像（YS74：1）

2. 泗洲大圣石造像（YS74：7）

3. 青白釉观音像（YS74：6）

图版 2-3-3　新街口外东侧海子北堤岸出土的遗物

1. "富贵家常" 连弧纹镜（YS74：2）

2. "常命富贵" 鸟纹镜（YS74：5）

图版 2-3-4　新街口外东侧海子堤岸出土的铜镜

1. 门内侧正面，券顶上的夯土有三个窗痕（东—西）

2. 门内侧斜面（东北—西南）

图版 3-1-1 和义门瓮城门发掘前情况

1. 门外侧考古工地（西—东）

2. 清除门外侧堆土（西南—东北）

图版 3-1-2　和义门考古发掘现场

1. 发掘顶部硬楼屋地面（南—北）

2. 发掘和义门瓮城门堆土（西—东）

图版 3-1-3 和义门考古发掘现场

1. 发掘中的瓮城门（东—西）

2. 两侧城墙拆除后的瓮城门，城门洞与城门脸都是用砖垒砌的，最上为门楼地面（东—西）

图版 3-1-4　和义门瓮城门

1. 瓮城西墙南端接筑的明代夯土墙

2. 瓮城门两侧为标准的元代夯土墙（圆洞为栿木痕）

图版 3-1-5　和义门瓮城城墙结构

1. 瓮城门内侧（东—西）

2. 瓮城门外侧（西—东）

图版 3-1-6　和义门瓮城门

1. 门砧石铁鹅台内（东）侧的一对方形戗槽（东—西）

2. 壁面上的方孔与裂纹

3. 券顶裂纹

图版 3-1-7　和义门瓮城门洞内的戗槽、方孔与券顶裂纹

1. 券顶壁抹青灰

2. 瓮城门门脸包砖（元代）与城墙包砖（明代）的关系（南—北）

图版 3-1-8　和义门瓮城门券脚及门脸与城墙包砖关系

1. 过木与上端的流水道，青灰色为内券，白色为外券，外券上斗砖砌的方孔为流水道（东—西）

2. 过木、门簪（横木板下方四方孔）和上端的流水方孔（东南—西北）

图版 3-1-9　和义门瓮城门板门遗迹

1. 过木、门额和鸡栖木洞北端痕迹

2. 过木、门额和鸡栖木洞南端痕迹

3. 过木遗迹，青灰色为内券侧面，白色为外券正面

4. 过木遗迹，青灰色为内券侧面，白色为外券正面

图版 3-1-10　和义门瓮城门板门遗迹

1. 门洞内内外券之间的板门立颊槽（竖直槽处）、门砧石和斜戗板（东—西）

2. 板门南侧的门额（上端横插的圆木部位）、立颊槽、门砧石、斜戗板和门关遗迹（东北—西南）

3. 板门北侧的门额、立颊槽、门砧石、斜戗板和门关遗迹（东南—西北）

图版 3-1-11　和义门瓮城门板门遗迹

1. 板门北侧的门砧石、门立颊槽、
   斜戗板和门关痕（南—北）

2. 板门南侧的门砧石、门立颊槽、
   斜戗板和门关痕（北—南）

3. 外券上面的木质门簪痕

图版 3-1-12　和义门瓮城门板门遗迹

1. 南侧门砧石铁鹅台平面

4. 北侧门砧石铁鹅台平面

2. 南侧门砧石铁鹅台立面

5. 北侧门砧石立颊下部包铁皮残迹

3. 南侧门砧石立栿上残留的立颊下部包铁皮

6. 北侧门砧石立颊下部包铁皮残迹

图版 3-1-13　和义门瓮城门板门遗迹

1. 和义门废弃后外券门洞内用砖封堵（东—西）

2. 和义门废弃后城门楼内填碎砖瓦与土夯实

图版 3-1-14　和义门废弃后封堵和填实情形

1. 和义门废弃后城门楼南半部情况，门楼南墙和楼内填筑夯土

2. 和义门废弃后城门楼北半部情况，门楼北墙和楼内填筑夯土

图版 3-1-15　和义门废弃后的瓮城城门楼填筑的夯土

1. 瓮城城门楼全景（东—西）

2. 瓮城城门楼全景（东北—西南）

图版 3-1-16　和义门瓮城城门楼全景

1. 门楼屋内全景（北—南）

2. 门楼屋内全景（西北—东南）

图版 3-1-17　和义门瓮城城门楼

1. 门楼屋内全景（南—北）

2. 门楼屋内全景（北—南）

3. 覆盆状柱础石

4. 中心凿有方孔的柱础石

图版 3-1-18 和义门瓮城城门楼

1. 门楼内西墙下的台阶，立面与墙壁抹白灰并绘有青烟色宽带边饰

2. 南楼梯（上—下）

3. 北楼梯（下—上）

图版 3-1-19　和义门瓮城城门楼

1. 门楼南山墙、南侧门和楼梯（西北—东南）

2. 门楼北山墙、北侧门和楼梯（西南—东北）

图版 3-1-20　和义门瓮城城门楼

2. 南山墙中（门西侧）的暗柱洞（东—西）

1. 南山墙中（门东侧）的暗柱洞

3. 南山墙中的暗柱洞

4. 南山墙中的地栿洞

图版 3-1-21　和义门瓮城城门楼

2. 北山墙中（门东侧）的暗柱洞

1. 北山墙中（门西侧）的暗柱洞及斜戗小圆木洞

3. 门楼地面上西侧地漏（南—北）

图版 3-1-22 和义门瓮城城门楼遗迹及防火设施

1. 方形地漏，地漏面低于铺砖地面

2. 地漏形制，整体呈方形，注水部位呈圆凹状，底中心凿有五个圆孔，呈梅花状

3. 取出地漏，下为砖砌方形水槽

4. 方形水槽底低于门楼铺地砖面 27 厘米（7 层砖）

5. 水槽西端的方形水道口

6. 方形水槽后（西）端的流水暗道口，暗道向西斜折，然后垂直向下通到板门上方的过木门额上

图版 3-1-23　和义门瓮城城门楼的防火设施

1. "至正十八年四月廿七日记"题记（刻划）

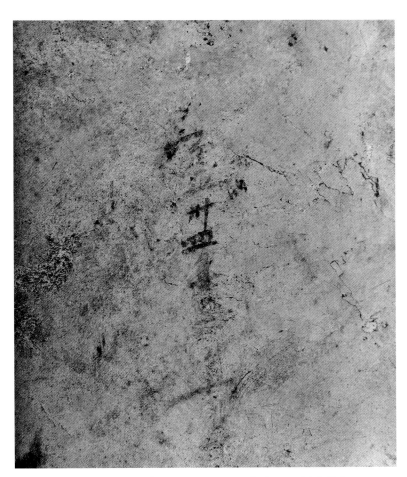

2. "至正卅四年□□□□……"题记（墨书）

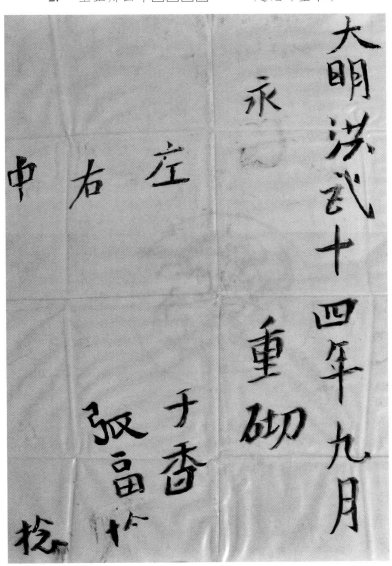

3. "大明洪武十四年九月……重砌……"题记摹本

图版 3-1-24　和义门瓮城券顶上的题记

1. 东垣水涵洞考古现场

3. 拍摄遗址全景的高架平台

2. 东垣水涵洞考古现场

图版 3-2-1　东垣（光熙门南）水涵洞考古发掘现场

图版 3-2-2　东垣（光熙门南）水涵洞全景（东南—西北）

1. 水涵洞局部（东南—西北）

2. 水涵洞局部（东北—西南）

图版 3-2-3　东垣（光熙门南）水涵洞

1. 木桩洞与残存三路衬石枋（西—东）

2. 木桩洞与上面的衬石（西—东）

3. 木桩洞与上面的铺底石（北—南）

图版 3-2-4　东垣（光熙门南）水涵洞北部地基

1. 涵洞内残存的铁栅栏坑眼

3. 砖砌梭墩残迹（东—西）

2. 铺底石板用铁锭加固连接，洞口西端有砖砌梭墩残迹
（东—西）

4. 洞壁（金刚墙）石条之间用铁锭加固

5. 铁锭坑眼中的铜钱

图版 3-2-5　东垣（光熙门南）水涵洞

图版 3-2-6　西垣（肃清门北）水涵洞全景（东—西）

图版 3-2-7　西垣（肃清门北）水涵洞全景（东—西）

图版 3-2-8　西垣（肃清门北）水涵洞东口铺地石（东—西）

1. 东端 "八" 字形进口（东—西）

2. 考古工作者研究进口结构

图版 3-2-9　西垣（肃清门北）水涵洞东端进口

1. 西端出口铺地石（西—东）

2. 西端出口外铺砌的石线道
（西—东）

3. 西端出口外铺砌的石线道
（南—北）

图版 3-2-10　西垣（肃清门北）水涵洞西端出口

图版 3-2-11　北垣（健德门西）水涵洞北口全景（北—南）

1. 正面全景（北—南）

2. 侧面全景（东北—西南）

图版 3-2-12　北垣（健德门西）水涵洞北口

1. 北口未清理前

2. 洞底铺石与铁锭痕

图版 3-2-13　北垣（健德门西）水涵洞

1. 铁栅栏算眼

2. 刻石题记

图版 3-2-14　北垣（健德门西）水涵洞

1. 发掘东院东侧露道和东厢房

2. 测绘东院"工"字形建筑廊屋

图版 4-1-1　1965 年秋后英房居住遗址考古发掘现场

1. 借用云梯拍摄东院遗址全景

2. 用6米高"人"字木梯拍摄东院西厢
   房遗迹

图版 4-1-2　1965 年秋后英房居住遗址考古发掘现场

1. 1972 年 5 月发掘后英房居住遗址主院，工作人员正在清理和测绘

2. 主院西半部遗址的发掘

图版 4-1-3　1972 年后英房居住遗址考古发掘现场

1. 主院和西院（东北—西南）

2. 主院和西院（南—北）

图版 4-1-4　后英房居住遗址主院和西院遗迹

1. 北房台基后（北）面形制和院墙（东北—西南）

2. 北房前轩础石下的磉墩

图版 4-1-5　后英房居住遗址主院北房遗迹

1. 主院北房东挟屋过门遗迹及屋内地面出土遗物（南—北）

2. 主院西侧踏道、露道、角门和围墙（西南—东北）

图版 4-1-6　后英房居住遗址主院遗迹

1. 主院东侧踏道、露道和内外两角门（东南—西北）

2. 主院东侧踏道、露道、内角门和围墙（南—北）

图版 4-1-7　后英房居住遗址主院东侧建筑遗迹

1. 西侧踏道、露道及角门（西—东）

2. 东侧踏道及台壁砌法（东—西）

图版 4-1-8　后英房居住遗址主院踏道、露道及角门遗迹

1. 西侧踏道象眼砌法（南—北）

2. 东侧踏道象眼砌法（南—北）

3. 东侧踏道下石板上的流水槽

4. 东侧踏道下石板上的流水槽

图版 4-1-9　后英房居住遗址主院踏道遗迹

1. 主院高露道西侧出土的水缸、石洗和狮子角石（西—东）

2. 主院西角门（东南—西北）

图版 4-1-10　后英房居住遗址主院遗迹

1. 北侧挟门柱下的锭脚石
（西南—东北）

2. 挟门柱下锭脚石以下基础外观
形状（西—东）

3. 揭开锭角石露出的方形基坑和围柱
平铺的砖

图版 4-1-11　后英房居住遗址主院西角门挟门柱基础解剖

1. 揭去一层平砖，下面皆用立砖围砌木柱洞

2. 解剖后可见柱洞中灌满白灰浆

3. 木柱插在灌满白灰浆的柱洞中

图版 4-1-12　后英房居住遗址主院西角门挟门柱基础解剖

1. 屋顶木椽腐朽后遗存的一排洞眼

2. 枋子及两侧搏风板痕

图版 4-1-13　后英房居住遗址主院东角门木构屋顶遗迹

1. 拐角院墙（东南—西北）

2. 拐角院墙砌法（东—西）

图版 4-1-14　后英房居住遗址主院西角门北侧院墙

图版 4-1-15 后夹房居住遗址东院全景（东南—西北）

图版 4-1-16　后英房居住遗址东院全景（西南—东北）

1. 东院"工"字形台基东北内侧拐角砌法（俯视）

2. 东院北房东南角的柱础石（南—北）

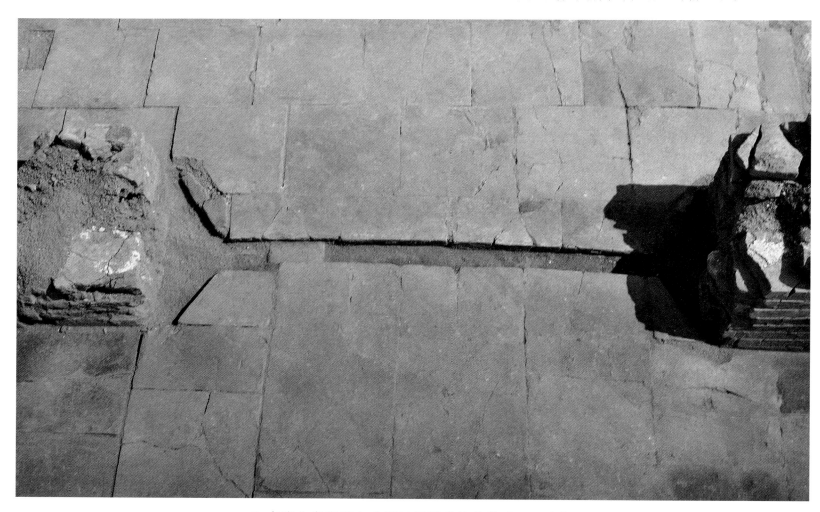

3. 东院北房明间与暗间过门下的地栿槽（西—东）

图版 4-1-17　后英房居住遗址东院遗迹

1. 东院南房屋门下的地栿槽（北—南）

2. 东院南房西暗间的东北墙角（西南—东北）

图版 4-1-18　后英房居住遗址东院南房遗迹

图版 4-1-19　后英房居住遗址东院柱廊全景（南—北）

1. 东院柱廊础石及地
   栿槽（东—西）

2. 清理柱廊倒塌下的
   格子门（南—北）

图版 4-1-20 后英房居住遗址东院柱廊遗迹

1. 东院东厢房台基的两种砌法（西—东）

2. 东院三间东厢房及台基（西—东）

图版 4-1-21　后英房居住遗址东院东厢房遗迹

1. 东院东厢房后檐墙南端暗柱洞

2. 东院东厢房北次间内火炕（南—北）

图版 4-1-22　后英房居住遗址东院东厢房遗迹

1. 东院东厢房与后接建的北小间（西—东）

2. 东院东厢房后接建的北小间（东南—西北）

图版 4-1-23　后英房居住遗址东院东厢房遗迹

1. 东院东厢房南暗间与后接建的南小间（西—东）

2. 东院东厢房后接建的南小间（西南—东北）

图版 4-1-24　后英房居住遗址东院东厢房遗迹

1. 东院西厢房（东北—西南）

2. 东院西厢房台基前铺垫的硬地面
（北—南）

图版 4-1-25　后英房居住遗址东院西厢房遗迹

1. 东院西厢房当心间屋门地栿槽、门前踏道和露道（东—西）

2. 东院西厢房南暗间（北—南）

图版 4-1-26　后英房居住遗址东院西厢房遗迹

图版 4-1-27　清理后英房居住遗址东院西厢房南暗间、屋门等（南—北）

1. 东院西厢房南暗间屋门倒下的木门框痕迹（东—西）

2. 东院西厢房后檐墙暗柱洞及础石

图版 4-1-28　后英房居住遗址东院西厢房遗迹

1. 东院西厢房西南角（柱础）形制（西南—东北）

2. 东院西厢房南山墙（北—南）

图版 4-1-29　后英房居住遗址东院西厢房遗迹

1. 东院西厢房南暗间东炕炕脸木板和檩柱痕（西—东）

2. 东院西厢房南暗间西炕、南炕（北—南）

图版 4-1-30 后英房居住遗址东院西厢房遗迹

1. 东院北房东南角台阶，台阶下接东厢房前露道，台阶和露道以北为硬地面（北—南）

2. 东院北房西南角的台阶（西南—东北）

图版 4-1-31　后英房居住遗址东院北房东南角和西南角台阶（北—南）

图版 4-1-32　后英房居住遗址东院东厢房前台阶和露道（北—南）

图版 4-1-33 后英房居住遗址东院西厢房前踏道和露道（北—南）

1. 东院西厢房前踏道侧面象眼
（北—南）

2. 东院东侧露道南端排水沟和角门
门砧（东—西）

3. 东院西角门外的铁锅和石杵
（南—北）

图版 4-1-34　后英房居住遗址东院北房及西厢房遗迹

1. 西院与主院台基、西角门和围墙（南—北）

2. 西院踏道、月台和一对狮子角石（南—北）

图版 4-1-35　后英房居住遗址西院遗迹

1.暗沟眼结构，可见西院北房台基和主院大台基各有完整的台基壁（南—北）

2.暗沟眼（南—北）

图版 4-1-36　后英房居住遗址西院台基与主院台基之间的暗沟（北—南）

1. 西院北房、月台和踏道

2. 东侧踏道和露道（东—西）

3. 东侧踏道南侧象眼（南—北）

图版 4-1-37　后英房居住遗址西院北房、月台及东侧踏道、露道

1. 素面板瓦（YH72：122）

2. 重唇板瓦（YH72：147）

3. 素面筒瓦（YH72：148、149）

4. 花卉纹滴水（YH72：123）

5. 荷花纹滴水（YH72：124）

6. 凤鸟纹滴水（YH72：125）

图版 4-1-38　后英房居住遗址出土板瓦、筒瓦和滴水

1. 兽面纹瓦当（YH72：151）

2. 兽面纹瓦当（YH72：152①）

3. 兽面纹瓦当（YH72：152②）

4. 凤鸟纹瓦当（YH72：153①）

5. 牡丹纹瓦当（YH72：154）

6. 花草纹瓦当（YH72：156、162、155）

图版 4-1-39　后英房居住遗址出土瓦当

1. 套兽（YH72：157）

2. 套兽（YH72：158）

3. 凤鸟形走兽（YH72：160①、②）

图版 4-1-40　后英房居住遗址出土脊饰

1. 东厢房的格子门

2. 柱廊的格子门

图版 4-1-41　后英房居住遗址东院东厢房及柱廊出土格子门遗迹

1. 带铜看叶的格子门

2. 不带铜看叶的格子门

图版 4-1-42 后英房居住遗址东院柱廊出土格子门遗迹

1. 东院柱廊出土的格子门上的铜海棠
   曲线形钮头圈子

2. 东院栏廊出土的格子门上的铜菱花
   形门座

3. 门上的花边铜饰件

图版 4-1-43　后英房居住遗址出土门上的铜饰件

图版 4-1-44　后英房居住遗址东院出土铜钉板门

1. 厢房内出土的直棂窗痕迹

2. 梁架残迹

图版 4-1-45　后英房居住遗址东院出土直棂窗、梁架残迹

图版 4-1-46　后英房居住遗址东院出土铁炉子（YH65：104）

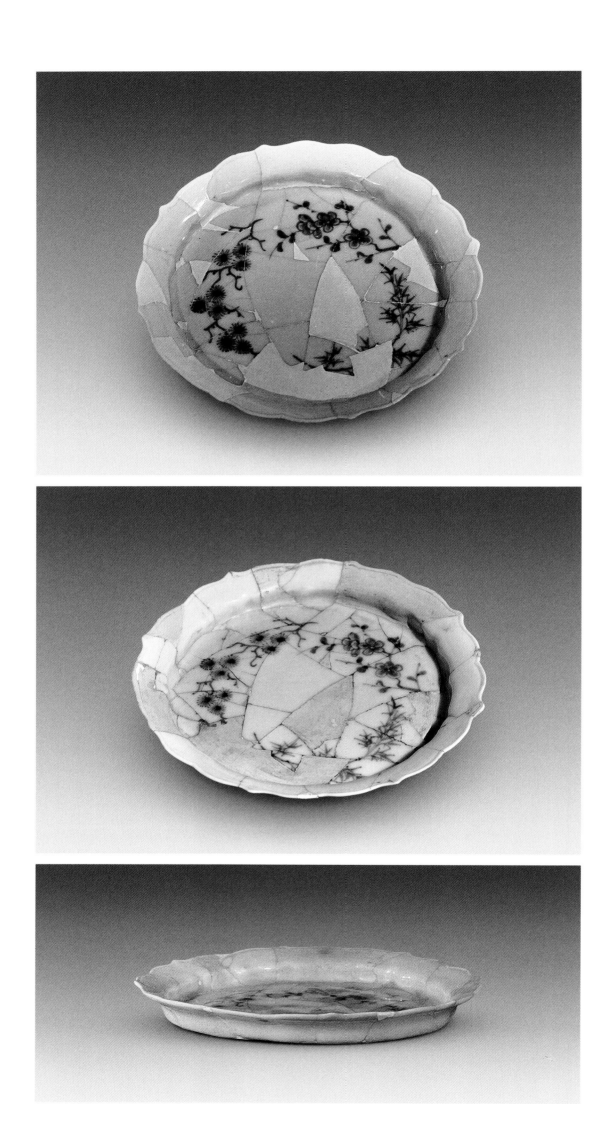

图版 4-1-47　后英房居住遗址出土青花盘（YH72：1）

1. 青白釉盘（YH72：92）

2. 枢府釉盘（YH72：131）

3. 青灰釉盘（YH65：66）

4. 白釉小碗（YH65：71）

5. 白釉高足碗（YH65：70）

6. 青釉盏托（YH72：59）

图版 4-1-48　后英房居住遗址出土遗物

图版 4-1-49　后英房居住遗址出土青釉盘（YH72：15）

1. 枢府釉罐（YH72：2）

3. 青釉罐（YH72：3）

2. 青釉罐（YH72：4）

4. 青釉罐（YH72：6）

5. 青釉罐（YH72：5）

图版 4-1-50　后英房居住遗址出土遗物

1. 枢府釉瓶（YH65：138）

2. 白釉兽面衔环盘口瓶（YH72：16）

3. 白釉经瓶（YH65：25）

4. 黑釉经瓶（YH65：72）

图版4-1-51　后英房居住遗址出土遗物

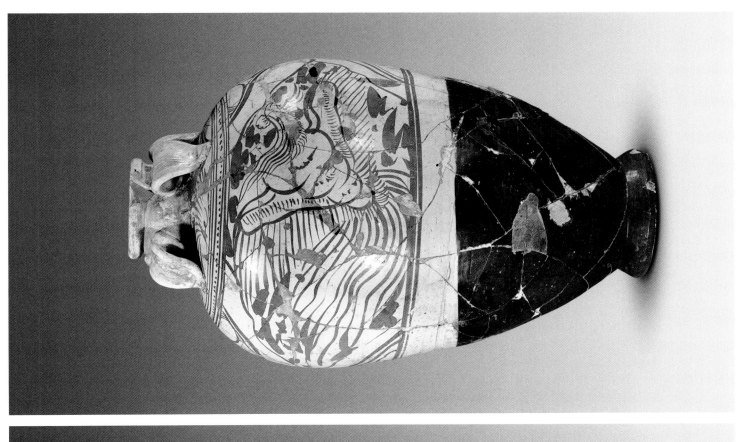

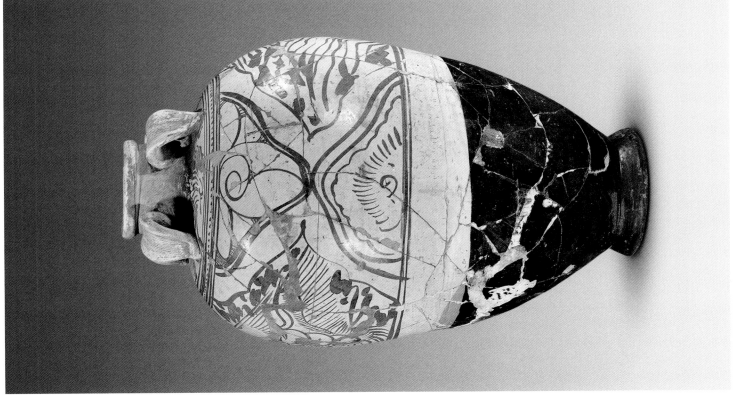

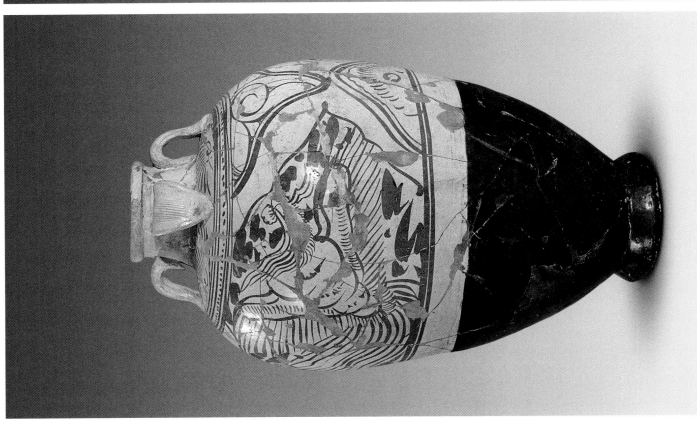

图版 4-1-52　后英房居住遗址出土白釉黑彩四耳大瓶（YH65：77）

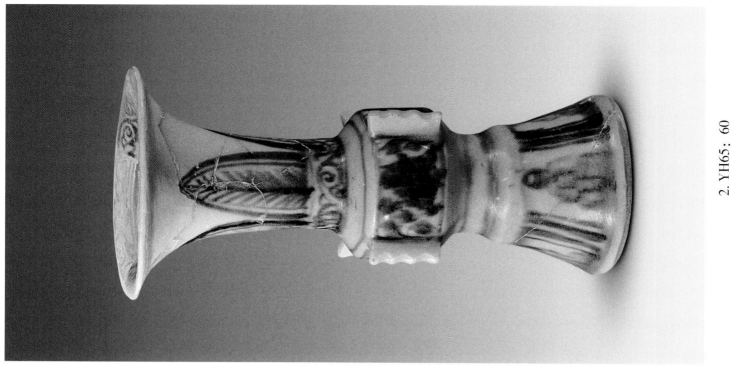

1. 青花器盖（YH65：99①）

2. 青白釉器盖（YH72：10）

3. 青白釉器盖（YH72：11）

4. 青釉器盖（YH65：140）

5. 白釉黑彩弦纹器盖（YH65：98）

6. 青花器盖纽（YH72：8）

图版 4-1-54　后英房居住遗址出土遗物

1. 翠蓝琉璃釉盘（YH65：61）

2. 绿琉璃釉灯台（YH65：94）

3. 三彩琉璃釉器座（YH65：56）

图版 4-1-55　后英房居住遗址出土遗物

1. 铜灯（YH72：37、YH65：80）

4. 铜镂空雕花饰片（YH72：29）

2. 铜套兽（YH65：141）

5. 铁炉子（YH65：104）

3. 铜鼎腿（YH72：57）

6. 铁炉箅（YH65：100）

图版 4-1-56　后英房居住遗址出土遗物

1. 莲瓣纹石钟形器（YH72：25）

2. 石座（YH72：26）

3. 石座（YH65：116、120）

4. 石座（YH65：115、114）

5. 石座（YH65：113）

6. 石器盖（YH72：34）

7. 石笼屉（YH72：24）

图版 4-1-57　后英房居住遗址出土遗物

1. 石洗子（YH72：133）

2. 石洗子（YH72：132）

3. 螺钿漆盘残底（YH65：62）

图版 4-1-58　后英房居住遗址出土遗物

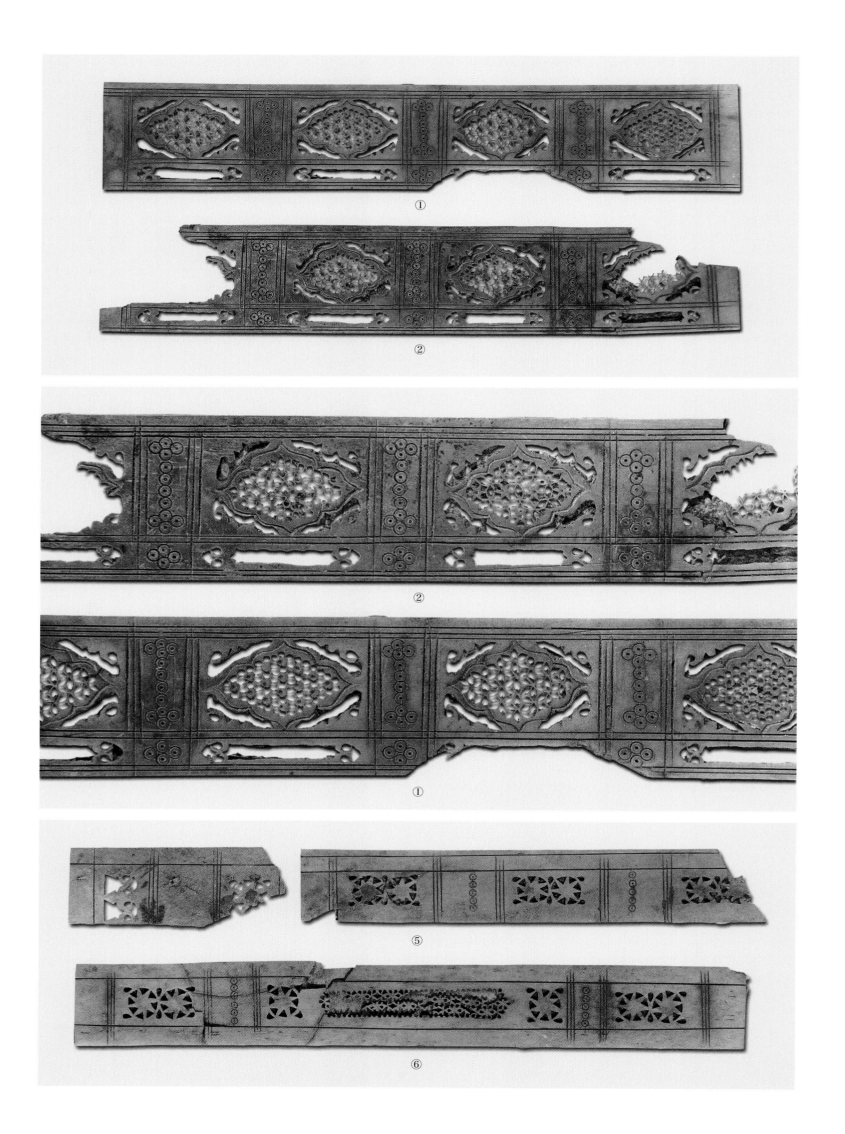

图版 4-1-59　后英房居住遗址出土长方形骨雕片（YH72：44 ①、②、⑤、⑥）

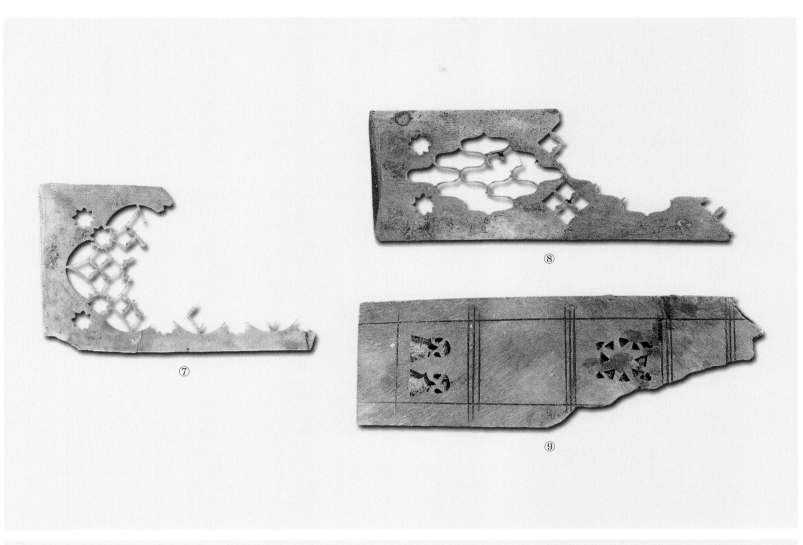

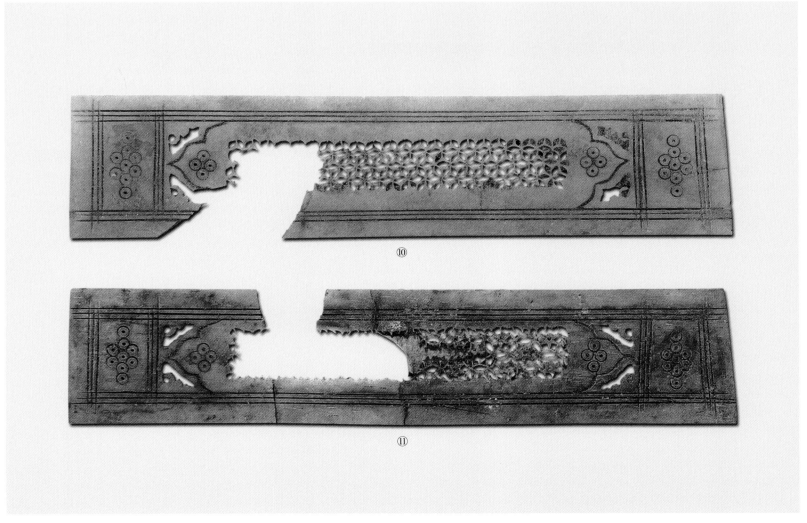

图版 4-1-60　后英房居住遗址出土长方形骨雕片（YH72：44 ⑦ ～ ⑪ ）

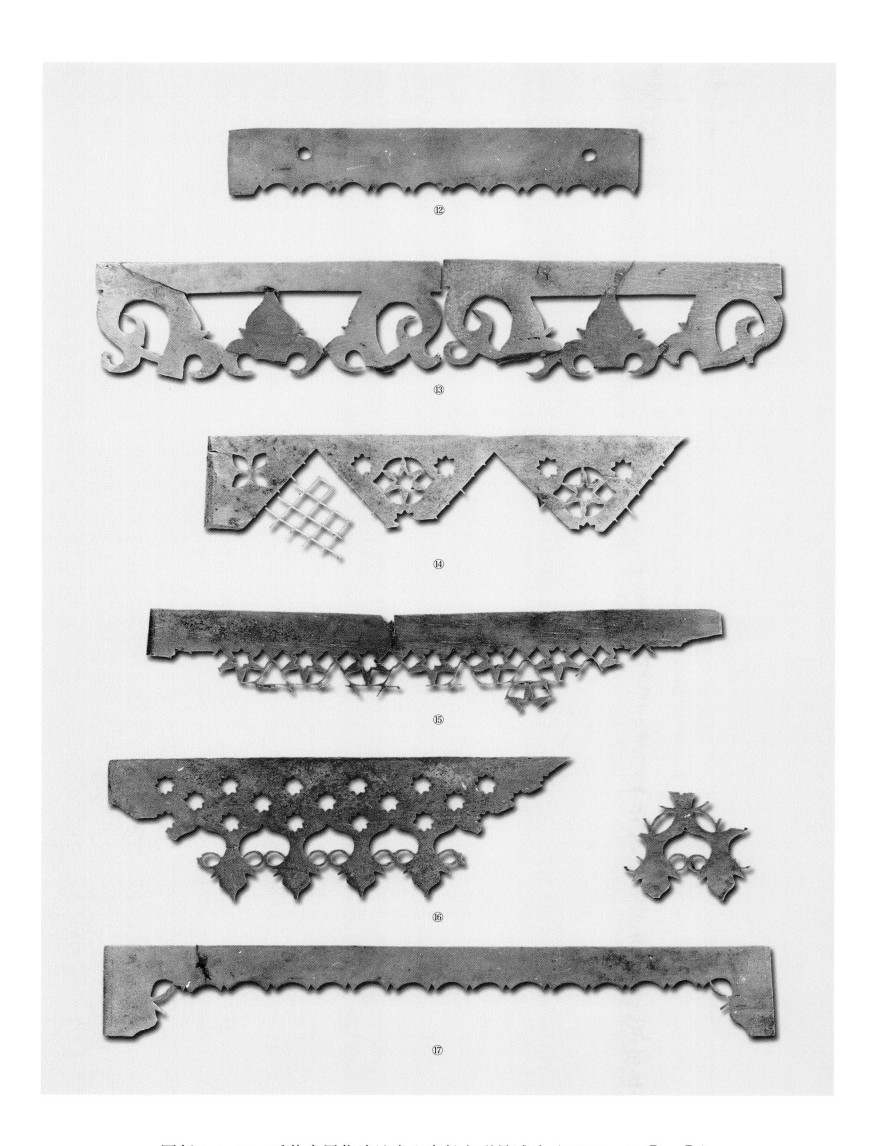

图版 4-1-61　后英房居住遗址出土窄长方形骨雕片（YH72：44 ⑫ ～ ⑰）

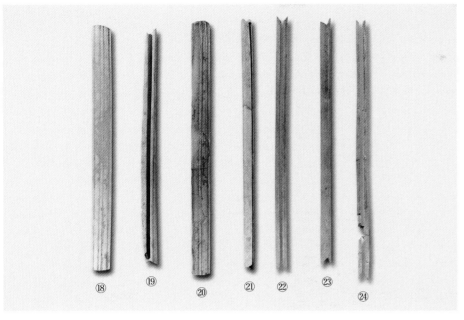

1. 直条形骨雕片（YH72：44 ⑱～㉔）

3. 曲鸟形骨雕片（YH72：44 ㉛～㉝）

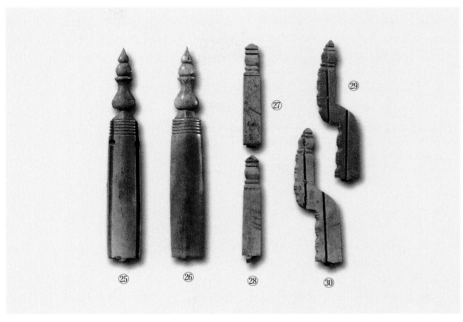

2. 柱头装饰骨雕片（YH72：44 ㉕～㉚）

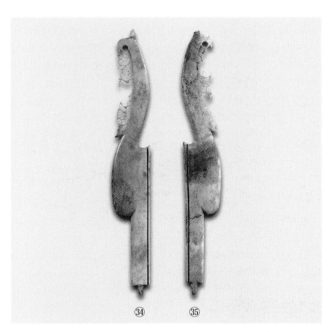

4. 曲鸟形骨雕片（YH72：44 ㉞、㉟）

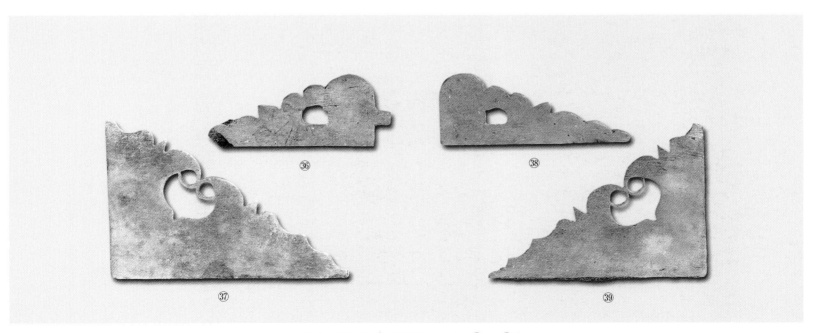

5. 三角形骨雕片（YH72：44 ㊱～㊴）

图版 4-1-62　后英房居住遗址出土骨雕片（YH72：44 ⑱～㊴）

1. 飞行凤鸟骨雕片（YH72：44 ㊵、㊶）

2. 跑动小兔骨雕片（YH72：44 ㊷）

3. 骨雕刻器盖（YH72：135）

图版 4-1-63　后英房居住遗址出土遗物

1. 铁砍斧（YH65：102）

2. 齿轮形铁轴套（YH65：101）

3. 青石小磨（YH72：18）

4. 试金石（YH72：33）

5. 陶臼盖（YH65：112）

图版 4-1-64　后英房居住遗址出土遗物

图版 4-1-65　后英房居住遗址出土石砚（YH72：21）

1. 石砚（YH72：20）

2. 主院北房铺砖地面上"曲令"墨迹痕

图版 4-1-66　后英房居住遗址出土遗物

1. 玛瑙围棋子（YH72：22）

2. 贝（YH72：23）

3. 海螺器（YH65：87）

4. 象牙化石（YH72：28）

5. 穿孔石铲（YH72：19）

6. 水晶矿石（YH65：130）

图版 4-1-67　后英房居住遗址出土遗物

1. 铜镜残片（YH72：164）

2. 玉带（YH65：89）

3. 玛瑙、玉石珠饰（YH72：53）

4. 玉带（YH65：99②）

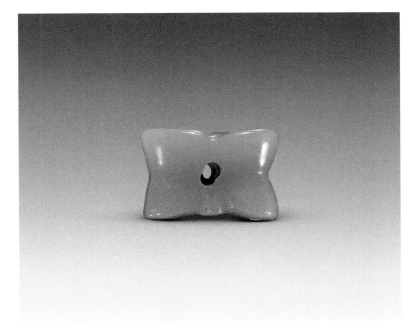

5. 玉石坠（YH65：85）

6. 金首饰（YH72：43）

图版 4-1-68　后英房居住遗址出土遗物

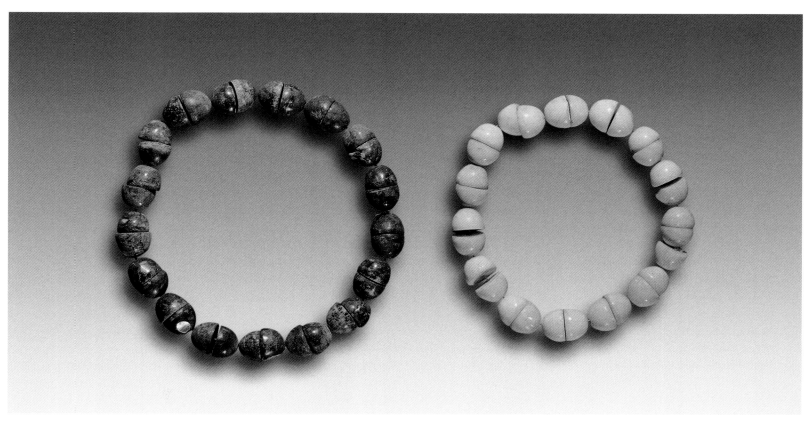

1. 石串珠（YH72：47）

2. 骨串饰、蚌壳串（YH72：128、129）

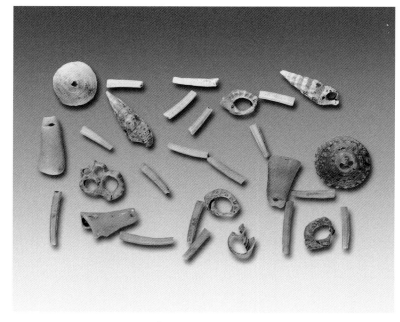

3. 蚌壳串（YH72：129）

图版 4-1-69　后英房居住遗址出土遗物

1. 青白釉瓷观音像（YH72：9）

2. 象驮莲石座（YH65：118）

3. 石龟趺（YH65：117）

图版 4-1-70　后英房居住遗址出土遗物

1. 狮子角石（YH72：165①）

2. 狮子角石（YH72：165②）

图版 4-1-71　后英房居住遗址出土遗物

1. 狮子角石（YH72：166①）

2. 狮子角石（YH72：166②）

图版 4-1-72　后英房居住遗址出土遗物

1. 鎏金铜菩萨立像（YH65：144）

2. 贝雕勺（YH65：86）

3. 铜坐姿菩萨三尊像（YH65：99③）

4. 铜乐人像（YH72：48）

5. 铜童子骑牛像（YH72：45）

图版 4-1-73　后英房居住遗址出土遗物

1. 西侧发现的两间东房（东—西）

2. 两间东房的北侧屋（西—东）

图版 4-1-74　后英房居住遗址西侧的两间东房遗迹

1. 两间东房的南侧屋（东—西）

2. 南侧屋内的炕
（南—北）

图版 4-1-75 后英房居住遗址西侧的两间东房遗迹